BEI GRIN MACHT SICH IHR WISSEN BEZAHLT

AF145648

- Wir veröffentlichen Ihre Hausarbeit,
  Bachelor- und Masterarbeit

- Ihr eigenes eBook und Buch -
  weltweit in allen wichtigen Shops

- Verdienen Sie an jedem Verkauf

Jetzt bei www.GRIN.com hochladen und kostenlos publizieren

Bibliografische Information der Deutschen Nationalbibliothek:

Die Deutsche Bibliothek verzeichnet diese Publikation in der Deutschen National-
bibliografie; detaillierte bibliografische Daten sind im Internet über http://dnb.d-
nb.de/ abrufbar.

Dieses Werk sowie alle darin enthaltenen einzelnen Beiträge und Abbildungen
sind urheberrechtlich geschützt. Jede Verwertung, die nicht ausdrücklich vom
Urheberrechtsschutz zugelassen ist, bedarf der vorherigen Zustimmung des Verla-
ges. Das gilt insbesondere für Vervielfältigungen, Bearbeitungen, Übersetzungen,
Mikroverfilmungen, Auswertungen durch Datenbanken und für die Einspeicherung
und Verarbeitung in elektronische Systeme. Alle Rechte, auch die des auszugsweisen
Nachdrucks, der fotomechanischen Wiedergabe (einschließlich Mikrokopie) sowie
der Auswertung durch Datenbanken oder ähnliche Einrichtungen, vorbehalten.

Impressum:

Copyright © 2016 GRIN Verlag, Open Publishing GmbH
Druck und Bindung: Books on Demand GmbH, Norderstedt Germany
ISBN: 9783668564817

Stefan Lang

Trainingsplan für das Ausdauertraining eines 39-jährigen Mannes

GRIN Verlag

GRIN - Your knowledge has value

Der GRIN Verlag publiziert seit 1998 wissenschaftliche Arbeiten von Studenten, Hochschullehrern und anderen Akademikern als eBook und gedrucktes Buch. Die Verlagswebsite www.grin.com ist die ideale Plattform zur Veröffentlichung von Hausarbeiten, Abschlussarbeiten, wissenschaftlichen Aufsätzen, Dissertationen und Fachbüchern.

Besuchen Sie uns im Internet:

http://www.grin.com/

http://www.facebook.com/grincom

http://www.twitter.com/grin_com

Deutsche Hochschule für
Prävention und Gesundheitsmanagement
Hermann Neuberger Sportschule 3
66123 Saarbrücken

Einsendeaufgabe

Fachmodul:	Trainingslehre II
Studiengang:	Fitnessökonomie
Name, Vorname:	Lang Stefan
Studienort:	**Zürich**
Semester:	**WS15**

Inhaltsverzeichnis

1 Diagnose

1.1 Allgemeine und biometrische Daten

Tab. 1: Allgemeine Daten

Allgemeine Daten	
Alter	39 Jahre
Geschlecht	Männlich
Körpergrösse	183 cm
Körpergewicht	99 kg
Trainingsmotive	1. Gewichtsreduktion: Das alte Wohlfühlgewicht von 84 kg erreichen. 2. Ausdauer verbessern: Im Fussball mit den Teamkameraden besser mithalten können und im Alltag nicht so schnell aus der Puste sein. 3. Stressabbau: Der Kunde ist Selbständig und hat daher eine hohe Präsenzzeit. Den angestauten Stress möchte er durch sportliche Betätigung abbauen.
Berufliche Tätigkeit	Selbstständiger Unternehmensberater
Frühere sportliche Aktivitäten	Vor kurzem war das Mitglied noch aktiv in einem Fussballverein. **Umfang:** Zwei Mal Training pro Woche à 90 Minuten und jeweils ein Meisterschaftsspiel, ebenfalls 90 Minuten **Leistungsstufe:** Amateurliga Training im Fitnesscenter: **Umfang:** Ein Ganzkörpertraining ein bis zwei Mal in der Woche, jeweils ca. eine Stunde. **Leistungsstufe:** Anfänger
Aktuelle sportliche Tätigkeit	Der Kunde trifft sich jeweils am Sonntag mit Freunden zum Fussball spielen. **Leistungsstufe:** Amateur, Ausgleich zum Alltag.
Verfügbarer Zeitrahmen	Der Kunde kann und möchte sich mindesten drei Mal in der Woche Zeit nehmen für das Training.

Tab. 2: Biometrische Daten

Biometrische Daten

	Ist Wert	Normwerte	Bewertung
Blutdruck	131/85 mmHg	**Ideal:** <120/80 mmHg **Normal:** 120-129/80-84 mmHg **Hoch normal:** 130-139/85-89 mmHg **Hypertonie-Stadium1:** 140-179/90-109 mmHg **Hypertonie-Stadium2:** ≥ 180/110 mmHg **Isolierte systolische Hypertonie:** ≥ 140/90 mmHg (Slany et al., 2007, S. 7)	Der Wert des Kunden liegt im hochnormalen Bereich.
Ruhepuls	80/min	Der durchschnittliche Ruhepuls bei Erwachsenen liegt ca. bei 72 Schlägen pro Minute. (Bachl, Schwarz & Zeibig, 2006, S.206). **Ausdauersportler:** ≥ 50/min	Der Ruhepuls liegt über dem Durchschnittswert.
BMI	29.6 kg/m²	**Untergewicht:** <18.5 kg/m² **Normal:** 18.5 – 24.99 kg/m² **Präadipositas:** 25 – 29.99 kg/m² **Adipositas Grad 1:** 30 – 34.99 kg/m² **Adipositas Grad 2:** 35 - 39.99 kg/m² **Adipositas Grad 3:** ≥40 (WHO, 2000, S. 9)	Der BMI des Kunden liegt noch knapp in der Vorstufe zur Adipositas. Es besteht ein erhöhtes Risiko von Begleiterkrankungen. (WHO, 2000, S. 9)
Taille-Hüft-Quotient	0.9	Der ideale Wert bei der Frau liegt bei weniger als 0.85. Beim Mann entspricht dies einem Wert unter 1.0. Liegt der Wert jeweils oberhalb dieser Grenzen, so kennzeichnet dies eine apfelförmige Körperfettverteilung. Werte unterhalb kennzeichnet eine birnenförmige Form	Der Taillenumfang von 90 cm im Verhältnis zum Hüftumfang von 100 cm ergibt einen Quotient von 0.9, somit entspricht dies einer birnenförmigen Körperfettverteilung. Bezogen auf diesen Wert hat der Proband ein vermindertes Risiko an einer Herzkreislauferkrankung.
Taillenumfang	90 cm	Mann: <102 cm Frau: <88 cm	Der Taillenumfang liegt unter 102 cm, somit kein erhöhtes Risiko für Herz-Kreislauf-Erkrankungen.
Medikamente	Keine	-	-

Orthopädische Probleme	Keine	-	-
Internistische Probleme	Keine	-	-
Ärztliche Be-handlungen	Ein Mal pro Jahr einen Gesund-heitscheck beim Arzt, welcher von der Krankenkasse bezahlt wird.	-	-

1.2 Leistungsdiagnostik/ Ausdauertestung

1.2.1 Begründung des Fahrradergometertests

Zur Auswahl standen der WHO Test, der Hollman-Venrath-Test und der Vita-Maxima-Test. Ersterer wäre eine Möglichkeit gewesen, allerdings kann der Proband als relativ jung und belastbar eingestuft werden, aus diesem Grund hat man sich gegen diesen Test entschieden. Der Vita-Maxima-Test ist ein Stufentest mit maximaler Ausbelastung, der für gut trainierte Sportler konzipiert wurde. Mit den momentanen Voraussetzungen des Probanden wird dieser Test als zu intensiv eingestuft.

Aufgrund der sportlichen Erfahrung der Person wird der Stufentest Hollmann-Venrath-Test durchgeführt. Dieser eignet sich für Durchschnittlich bis gut trainierte Personen, denen eine Belastbarkeit von mindestens 150 Watt zugetraut werden kann. Mit der momentanen und früheren sportlichen Erfahrung kann der Kunde in diese Zielgruppe eingeteilt werden.

Tab. 3: Testrelevante Parameter des Hollmann-Venrath-Tests

Eingangsbelastung	**30 Watt**
Stufendauer	3 Minuten
Belastungssteigerung	40 Watt
Trittfrequenz	60 – 80 U/min
Zielherzfrequenz, Abbruchsgrenze	141 S/min

1.2.2   Testprotokoll

Tab. 4: Protokoll des Hollmann-Venrath Radergometertest

Hollmann-Venrath-Test					
Stufe	Zeit	Watt	Hf 1	Hf 2	Hf 3
1	3 min	30	85 S/min	87 S/min	90 S/min
2	3-6 min	70	92 S/min	95 S/min	97 S/min
3	6-9 min	110	100 S/min	110 S/min	115 S/min
4	9-12 min	150	122 S/min	126 S/min	130 S/min
5	12-15 min	190	135 S/min	140 S/min	145 S/min
					(Abbruch)
Watt gesamt	176 Watt. (150 Watt + 2/3 von 40 Watt)				
Watt/kg	176 Watt : 99kg= 1.77 Watt/kg Köpergewicht				
Bewertung	Das Ergebnis liegt knapp im Durchschnitt				

1.2.3   Bewertung des Testergebnisses

Die ersten 12 Minuten bzw. die ersten vier Stufen konnte der Kunde komplett durchfahren. Bei 190 Watt musste aufgrund der Überschreitung der Pulsobergrenze von 141 S/min zu Beginn der dritten Minute der Test abgebrochen werden. Die Pulsobergrenze wurde nach WHO berechnet, sprich 180 – LA (Rost, 2002, S.57), dies ergab beim Probanden eine Herzfrequenz von 141 S/min. Bei der Bewertung anhand der Normtabelle, liegt der Proband mit 1.77 Watt/kg Körpergewicht ganz knapp im Durchschnitt (Trunz, 2004, S.8).

1.3 Gesundheitszustand und Leistungsstatus der Person

Der Proband hat vor kurzem regelmässig Fussball im Verein gespielt und das Fitnessstudio besucht, somit besteht sportliche Erfahrung was von Vorteil ist. Aktuell beschränkt sich seine sportliche Aktivität auf einmal Fussball spielen mit Freunden. Als selbständiger Unternehmensberater ist er sehr viel unterwegs, dementsprechend stressig ist sein Alltag, dies wiederum kann eine mögliche Ursache für den erhöhten Ruhepuls sein. Der BMI liegt mit 29.6 kg/m2 momentan im oberen Bereich der Vorstufe zu Adipositas (WHO, 2000, S. 9). Gemäss Hauner und Berg (2000) besteht schon bei einem BMI zwischen 25 bis 29.9 kg/m^2 ein erhöhtes Gesundheitsrisiko, sie empfehlen die Anpassung der Ernährung und die Steigerung der körperlichen Aktivität. Trotz des Übergewichts liegt der Blutdruck mit 131/85 mmHg im unteren hochnormalen Bereich (Slany et al., 2007, S. 7). Orthopädische oder internistische Probleme liegen keine vor.

Ausser den regelmässigen Gesundheit Checks, welche die Krankenkasse jedes Jahr zur Verfügung stellt, konsultiert der Proband den Arzt nur wenig bis gar nicht. Medikamente müssen keine eingenommen werden. Der Kunde hat abgesehen vom erhöhten BMI keine gesundheitlichen Einschränkungen und kann als belastbar eingestuft werden.

2 Zielsetzung Prognose

Ziel I: Gewichtsreduktion von drei Kilogramm in sechs Wochen:
Das kurzfristige Ziel ist eine Gewichtsreduktion von 3 kg in sechs Wochen. Als Längerfristiges Ziel wird das Erreichen des Wunschgewichts von 84 kg gesetzt. Dieses Ziel wird nachhaltig gestaltet, sodass der Proband das Gewicht erreicht und halten kann. Unter diesen Voraussetzungen ist ein durchschnittlicher Gewichtsverlust von ca. 0.5 kg in der Woche realistisch und gesund. Bei einem Ausgangsgewicht von 99 kg kann das Ziel in ca. sieben bis acht Monaten erreicht werden.

Ziel II: Senkung des Ruhepulses von acht Schlägen innerhalb vier Monaten:
Der genannte Stress des Probanden macht sich unter anderem beim erhöhten Ruhepuls bemerkbar. Der Ist-Wert von 80 S/min sollte längerfristig durch gezieltes Ausdauertraining auf 72 S/min reduziert und stabilisiert werden. Die Ruheherzfrequenz kann um ca. ½ S/min in der Woche gesenkt werden, somit ist die Erreichung des Zieles ca. nach vier Monaten zu erwarten.

Ziel III: Verbesserung des Fahrradergometertests um 10% innerhalb zwölf Wochen:
Der Proband möchte des Weiteren seine Ausdauerfähigkeit verbessern. Eine Verbesserung lässt sich am besten mit einem Re-Test des Fahrradergometer, der zu Beginn absolviert wurde feststellen. Als Parameter zum Interindividuellen Vergleich wird die absolvierte Wattleistung genommen. Der Ist Zustand von 1.77 Watt/kg Köpergewicht kann realistisch betrachtet innerhalb von 12 Wochen um mindestens 10% verbessert

werden. Als klare Zielsetzung wird die Verbesserung von 176 durchgefahrenen Watt zu 193 durchgefahrenen Watt im Re-Test in 12 Wochen angepeilt.

3 Trainingsplanung Mesozyklus

3.1 Grobplanung Mesozyklus

Tab. 5: Mesozyklus I

Mesozyklus I	
Dauer	6 Wochen
Trainingsziel	Ausdauerfähigkeit verbessern
Belastungsumfang/Woche	1-2 Stunden
Trainingsmethode	Extensive Dauermethode
	Variable Dauermethode
	Intensive Intervallmethode
Trainingsintensität	50-60% Hfmax regenerativ
	60-75% Hfmax extensive DM
	60-85% Hfmax variable DM
	95-100% Hfmax intensive IM
Trainingshäufigkeit/Woche	3-mal
Dauer pro TE	30-40 min EDM/Regenerativ
	30 min VDM
	15-25 min IIM
Trainingsgeräte	Fahrrad, Laufband, Crosstrainer

3.2 Detailplanung Mesozyklus

Tab. 6: Detailplanung Mesozyklus

Woche1	Mo	Mi	Fr	Woche 2	Mo	Mi	Fr
Trainingsziel	Rekom	GA2	Rekom	Trainingsziel	Rekom	GA2	Rekom
Tr.-Methode	EDM/Rekom	IIM	EDM	Tr.-Methode	EDM/Rekom	IIM	EDM
Tr.-Intensität in % Hf max	50-60% Hfmax	95-100 Hfmax	50-60% Hfmax	Tr.-Intensität	50-60% Hfmax	95-100 Hfmax	50-60% Hfmax
Herzfrequenz S/min	80 - 97	171 - 181	80 - 97	Herzfrequenz S/min	80 - 97	171 - 181	80 - 97
Tr.-Dauer	30 Min	15 Min	30 Min	Tr.-Dauer	40 Min	20 Min	40 Min
Tr.-Gerät	Velo	Laufband	Velo	Tr.-Gerät	Velo	Laufband	Velo
Woche 3	Mo	Mi	Fr	Woche 4	Mo	Mi	Fr
Trainingsziel	Rekom	GA2	GA1/GA2	Trainingsziel	Rekom	GA2	GA1/GA2
Tr.-Methode	EDM/Rekom	IIM	VDM	Tr.-Methode	EDM/Rekom	IIM	VDM
Tr.-Intensität	50-60% Hfmax	95-100 Hfmax	60-85% Hfmax	Tr.-Intensität	50-60% Hfmax	95-100 Hfmax	60-85% Hfmax
Herzfrequenz S/min	80 - 97	171 - 181	97 - 137	Herzfrequenz S/min	80 - 97	171 - 181	108 - 154
Tr.-Dauer	40 Min	20 Min	30 Min (je 3 Mal 3 min + 12 Minuten extensiv)	Tr.-Dauer	40 Min	20 Min	30 Min (je 3 Mal 3 min + 12 Minuten extensiv)
Tr.-Gerät	Velo	Laufband	Velo	Tr.-Gerät	Velo	Laufband	Crosstrainer
Woche 5	Mo	Mi	Fr	Woche 6	Mo	Mi	Fr
Trainingsziel	Rekom	GA2	GA1/GA2	Trainingsziel	Rekom	GA2	Rekom
Tr.-Methode	EDM	IIM	VDM	Tr.-Methode	EDM/Rekom	IIM	EDM/Rekom
Tr.-Intensität	60-75% Hfmax	95-100 Hfmax	60-85% Hfmax	Tr.-Intensität	50-60% Hfmax	95-100 Hfmax	50-60% Hfmax
Herzfrequenz S/min	80 - 97	171 - 181	108 – 154	Herzfrequenz S/min	80 - 97	171 - 181	80 - 97
Tr.-Dauer	40 Min	25 Min	40 Min (je 4 Mal 3 min + 16 Minuten extensiv)	Tr.-Dauer	40 Min	20 Min	40 Min
Tr.-Gerät	Velo	Laufband	Crosstrainer	Tr.-Gerät	Velo	Laufband	Velo

3.3 Begründung zum Mesozyklus

Begründung zum angestrebten wöchentlichen Belastungsumfang:

Nach Friedrich (2005, S.34) sollte der Umfang vor der Intensität angehoben werden, dieses Prinzip wurde im Mesozyklus berücksichtigt. Bei einer Änderung der Intensität bzw. der Trainingsmethode wurde der Umfang nicht verändert oder gar reduziert. Nach Hottenrott (1997) sollte die Belastungsdauer nicht 45 min überschreiten, dies wurde beim Mesozyklus ebenfalls so eingehalten. Die längsten Einheiten betragen 40 min in der extensiven Dauermethode und dienen der Regeneration und dem Ausbau der GA1. Zu berücksichtigen ist ebenfalls, dass immer gleichbleibende Reize die Wirkung auf die Leistungsverbesserung verlieren, deshalb müssen laufend Anpassungen durchgeführt werden, unter anderem durch die Veränderung des Umfangs (Friedrich, 2005, S.34).

Begründung zu den ausgewählten Trainingsmethoden

Da die Grundlagenausdauer die Grundlage für jede sportliche Aktivität bildet, wird dies in der Planung berücksichtigt (Hegner, 2012, S.189). Es wird viel mit der EDM gearbeitet, weil sie die Ökonomisierung Herzkreislauf-Arbeit, die Grundlagenausdauer und den Fettstoffwechsel optimieren (Hegner, 2012, S.198). Um die Regeneration nach dem Fussball am Sonntag zu gewähr leisten, wird am Montag die extensive Dauermethode eingesetzt mit einer geringen Intensität von 50-60% Hf max. Basierend auf dem Trainingsprinzip der Superkompensation und der Störung der Homöostase wäre ein hoch intensives Training am darauf folgenden Tag kontraproduktiv (Friedrich, 2005, S.38). Nach Hegner (2012, S.199) wird durch die intensiven Intervallmethode die anaerobe laktazide Leistungsfähigkeit optimiert, was dem Kunden beim Fussball zugutekommt. Am Mittwoch wird aus diesem Grund ein intensives Intervalltraining auf dem Laufband absolviert. Am Freitag wird dann in den ersten zwei Wochen jeweils ein regeneratives Training auf dem Fahrrad eingeplant, da der Trainierende am Mittwoch sehr gefordert wurde. In der dritten bis fünften Woche wird dann die Intensität erhöht und zur variablen Dauermethode gewechselt. Abgesehen davon, dass diese Methode die Regenerationsfähigkeit verbessert, erhöht sie auch die Pufferkapazität und die Fähigkeit der Laktatelimination somit alles Anpassungen welche dem Ziel des Kunden entsprechen. Diese Trainingsanpassung basiert unter anderem auf dem Prinzip der Variation der Trainingsbelastung (Friedrich, 2005, S.35).

Begründung zur Belastungsprogression

Die jeweilige Progression hängt unter anderem vom gesundheitlichen Zustand, vom Alter und vom persönlichen Ziel ab (ACSM, 1995, S.167). Die Häufigkeit bleibt bei drei Einheiten im Fitnessstudio und einer Einheit Fussball am Sonntag über die sechs Wochen konstant. Eine Progression ist in diesem Bereich somit nicht möglich, was bleibt ist eine mögliche Anpassung der Dauer und der Intensität. Wie schon bereits erwähnt sollte immer der Umfang vor der Intensität angehoben werden (Friedrich, 2005, S.34). Von der ersten bis zu fünften Woche werden jeweils die Intensität und der Umfang gesteigert. In der letzten Woche folgt eine Phase mit reduzierter Belastung, so dass sich der Trainierende vollkommen regenerieren kann, bevor der zweite Mesozyklus in Angriff genommen wird.

Begründung zu den angesteuerten Trainingsbereichen

Über die ganzen sechs Wochen steht die Verbesserung der Grundlagenausdauer 1 und 2 im Vordergrund. Zur optimalen Regeneration zwischen den einzelnen intensiven Einheiten werden extensive GA1 Einheiten eingesetzt, die zwischen 50-60 % der maximalen Herzfrequenz liegen. Zur Stabilisierung und Entwicklung der GA1 und GA2 wird die variable Dauermethode eingesetzt. Diese Trainingsmethode kann sehr intensiv sein, darum wird die VDM in der dritten und vierten Woche folgendermassen eingeteilt: 3 x 3 Minuten bei einer Herzfrequenz von 60-75% Hf max und 3 x 3 Minuten intensiver bei einer Herzfrequenz von 75-85% Hf max. Im Wechselspiel zwischen extensiv und intensiv kommt der Proband auf 18 Minuten. Die letzten 12 Minuten werden dann konstant mit der extensiven Dauermethode durchgeführt. In der fünften Woche wird jeweils jeder Bereich um 3 Minuten verlängert, so dass der Proband mit dem Wechselspiel auf 24 Minuten kommt. Die letzten 16 Minuten wird er dann wieder nur mit der EDM trainieren.

Begründung der ausgewählten Ausdauergeräte bzw. Bewegungsformen

Nach der intensiven Belastung vom Sonntag auf die passiven Strukturen wird am Montag jeweils das Fahrrad als Ausdauergerät vorzugsweise ausgewählt, da die Gelenksbelastung sehr gering ist. Es ist zu erwähnen, dass der Proband als gesund und belastbar einzustufen ist und so grundsätzlich jede Bewegungsform berücksichtigt werden kann. Zu beachten ist auch hier wieder die Superkompensation, (Friedrich, 2005, S.38) welche unter anderem den passiven Bewegungsapparat betrifft. Eine Planung ausschliesslich mit dem Laufband kann sich somit auf den Probanden bezogen negativ auswirken. Am

Mittwoch wird jeweils das Laufband eingeplant da es die gleiche Bewegungsform und eine ähnliche Belastung wie im Fussball ist. Um Monotonie und Stagnierung entgegen zu wirken, wird am Freitag das Ausdauergerät variiert (Friedrich, 2005, S.35).

4 Literaturrecherche

Tab. 7: Literaturrecherche

	Studie 1	Studie 2
Studienname	Effekte beim Grundumsatz nach einer Körpergewichtsreduktion durch extensives Ausdauertraining bei schwergewichtigen Frauen und Männern.	Kombinierte Therapie der Adipositas mit Reduktionskost und Ausdauertraining. Metabolische Auswirkungen.
Durchgeführt durch	Vassilis Anagnostou, Bettina Schaar	A.Wirth, W.Bieger, I.Vogel, G.Schlierf
Publikationsjahr	2010	1987
Welche Versuchspersonen	30 schwergewichtige Erwachsene (16 Frauen, 14 Männer) mittleren Alters. Einschlusskriterien: • Alter zwischen 18 und 45 Jahre • BMI ≥ 40.0 kg/m² • Keine akute oder vorangegangene koronare Herzerkrankung • Keinen unkontrollierten Bluthochdruck • Keine orthopädischen Erkrankungen • Keine Einnahme von Psychopharmaka oder Antidepressiva	Zwanzig übergewichtige Patienten (11 Männer und 9 Frauen) mit einem Gewichts- Längenindex zwischen 28 und 40kg/m², im Durchschnitt 34 Jahre alt, 110 kg schwer und 169 cm gross.

Versuchsaufbau	Die Teilnehmer nahmen an einem 26-wöchigen Ausdauertraining teil. Vor und nach dieser Phase wurde jeweils ein standardisierter Test durchgeführt.	Randomisierung in zwei Gruppen, von denen die eine ein Training auf einem Fahrradergometer mit 40% der maximalen Leistungsfähigkeit absolvierte.
	Die Bestimmung des Grundumsatzes in Ruhe erfolgte mittels indirekter Kalorimetrie in liegender Position nach einer 12-Stunden-Nüchternheit.	Das Training wurde sechs Mal an fünf Tagen in der Woche durchgeführt.
	Mit dem portablen Spirometriegerät Oxycon Mobile" (Firma: JAEGER „breath-by-breath") konnte die körperliche Leistungsfähigkeit unter standardisierten Bedingungen ermittelt werden, dazu erfolgte ein stufenförmiger Belastungstest (angelehnt an das WHO Belastungsschema) mittels Fahrradspiroergometrie (Typ: Ergoline 900EL; ZAN 600 ErgoTest).	Dauer und Intensität der Belastung wurden erhöht, so dass in den letzten Wochen bis zu drei Stunden täglich trainiert wurde.
		Alle Patienten erhielten eine 300 kcal Mischkost mit 25-30% Kohlenhydraten, 35-40% Fett und 35-40% Eiweiss.
	Die Messung der Körpergewebezusammensetzung erfolgte durch die Bioelektrische Impendanzanalyse (BIA: Maltron Bioscan 916VS3).	Vor und wöchentlich während der Therapie wurde eine maximale Ergometerbelastung durchgeführt.
		Die Anfangsbelastung betrug für Frauen 50 und für Männer 100 Watt. Alle drei Minuten wurde die Leistung um 50 Watt bis zur Erschöpfung erhöht.
		Im Serum wurden freie Fettsäuren enzymatisch und freies Glyzerin fluorimetrisch bestimmt.
		Nordadrenalin und Adrenalin wurden mit Hilfe eines RIA gemessen
		Die Katecholaminbindung (^{3}H-dihydroalprenolol) wurde an isolierten Leukozyten durchgeführt.
		Zum Vergleich von Paar Differenzen wurde der Rangtest nach WIlcoxon angewandt.
Ergebnisse & Schlussfolgerung	Nach der 26-wöchigen Trainingsphase zeigten Frauen und Männer signifikante Reduktionen des Körpergewichts und des BMI. **Frauen:** BMI von 44.12 ± 5.32 auf 41.11 ± 6.30 kg/m²	**Personengruppe mit Reduktionskost:** - Gewichtsreduktion von 9,4 kg - Systolischer Blutdruck und die Herzfrequenz haben sich nicht signifikant verändert.

Körpergewicht:
von 127.06 ± 22.22 auf 118.47 ± 24.12 kg

Grundumsatz:
Konnte über die Trainingsphase aufrechterhalten bleiben.

Körperfettmasse:
Reduktion von 10.58 ± 13.79%.

Muskelmasse:
signifikante Reduktion der absoluten Muskelmasse von 30.03 ± 4.90 auf 28.36 ± 4.59 kg im Posttest.

Maximale Sauerstoffaufnahme:
Eine Steigerung konnte im Posttest festgestellt werden.

Männer:
BMI von 43.31 ± 2.30 auf 40.67 ± 2.62 kg/m².

Körpergewicht:
Von 141.56 ± 8.59 auf 132.86 ± 8.07 kg.

Grundumsatz:
Signifikantes Absinken des Grundumsatzes (p < .009) von 2646.08 ± 365.54 auf 2362.67 ± 269.84 kcal/Tag.

Körperfettmasse:
Reduktion von bis zu 16.35±8.42%.

- Die freien Fettsäuren und freies Glyzerin stiegen im Nüchtern Zustand an. Die Konzentration der Katecholamine nahm in Ruhe ab.
- Die Anzahl der Betarezeptoren nahm zu, die Affinität blieb unverändert.

Patienten mit kombinierter Therapie:

- Gewichtsreduktion während den vier Wochen 10.7 kg.
- Unter der Steady-State-Belastung nahm der systolische Blutdruck unter kombinierter Therapie um 14% (von 192 nach 166 mm Hg) und die Herzfrequenz ebenfalls um 14% (von 138 nach 119 Min-1) ab.
- Die freien Fettsäuren und freies Glyzerin stiegen deutlicher an als in der Vergleichsgruppe.
- Die Konzentration der Katecholamine nahm in Ruhe ab, unter Belastung war ein signifikanter Anstieg um die Hälfte bzw. das Doppelte zu verzeichnen. Die Affinität veränderte sich nicht.
- Der respiratorische Quotient nahm unter Belastung von 0.92 auf 0.76 signifikant ab.

(Wirth, Bieger, Vogel, Schlierf, 1987, S.860 – 861)

Muskelmasse:
Konnte aufrechterhalten werden.

Maximale Sauerstoffaufnahme:
Keine signifikante Veränderung.

Die fettfreie Körpermasse (FFM) zeigte in beiden Gruppen keine signifikante Veränderung (w: 64.57 auf 63.15 kg; m: 77.26 auf 77.59 kg).

Der respiratorische Quotient (RQ) der Frauen und Männer zeigte keine Veränderung im Posttest. Die Ergometerleistung in der Abschlussdiagnostik erhöhte sich vor allem bei den Männern (+35,14 ± 4.99 Watt).

Die Physical Work Capacity (PWC) bei Herzfrequenz 120 und 130 [Schläge/min] verbesserte sich in beiden Gruppen.

Verglichen zum Pretest konnten die Teilnehmer/innen im Posttest signifikant höhere Wattleistungen in den Herzfrequenzbereichen 120 und 130 s/min erfüllen.

Des Weiteren erreichten Männer eine wesentlich längere Belastungszeit von durchschnittlich +2.88 ± .4 Minuten auf dem Fahrradergometer.

(Anagnostou, Schaar, 2010, S163 - 196)

5 Literaturverzeichnis

American College of Sports Medicine (ACSM). (1995). *ACSM's guidelines for exercise testing and prescription.* Baltimore: Williams & Wilkins.

Anagnostou, V., & Schaar, B. (2010). Effekte beim Grundumsatz nach einer Körpergewichtsreduktion durch extensives Ausdauertraining bei schwergewichtigen Frauen und Männern. In D. S. Köln (Hrsg.), *Gesundheit in Bewegung: Impulse aus Geschlechterperspektive* (Bd. 32, S. 163-196).

Bachl, N., Schwarz, W., & Zeibig, J. (2006). *Fit ins Alter mit richtiger Bewegung jung bleiben.* Wien: Springer-Verlag.

Friedrich, W. (2005). *Optimales Sportwissen.* Freiburg: Spitta Verlag.

Hauner, H., & Berg, A. (2000). Körperliche Bewegung zur Prävention und Behandlung der Adipositas. *Deutsches Ärzteblatt, 97*(12), S. 768-774.

Hottenrott, K. (1997). *Ausdauertraining: intelligent, effektiv, erfolgreich* (4 Ausg.). Lüneburg: Wehdemeier & Püsch.

Jost, H. (2012). *Training fundiert erklärt (5. Auflage).* Herzogenbuchsee: Ingold Verlag.

Organization, W. H. (2000). *Obesity: preventing and managing the global epidemic Report of a WHO Consultation (WHO Technical Report Series 894).* Genf: TSO.

Rost, R. (2002). *Lehrbuch der Sportmedizin.* Köln: Deutscher Ärzte-Verlag.

Slany, J., Magometschnigg, D., Mayer, G., Pichler, M., Pilz, H., Rieder, A., et al. (2007). Klassifikation, Diagnostik und Therapie der Hypertonie 2007 - Empfehlungen der Österreichischen Gesellschaft für Hypertensiologie. *Journal für Hypertonie Zeitschrift für Hochdruckerkrankungn, 11*(1), S. 7-11.

Trunz, E. (2001). IPN-Test – Ausdauertest für den Fitness- und Gesundheitssport. Köln: Institut für Prävention und Nachsorge.

Wirth, A., Bieger, W., Vogel, I., & Schlierf, G. (1987). Kombinierte Therapie der Adipositas mit Reduktionskost und Ausdauertraining. Metabolische Auswirkungen. In *Sportmedizin - Kursbestimmung* (S. 860-863). Berlin Heidelberg: Springer.

6 Tabellenverzeichnis